Giuseppe Verdi

La Traviata

in Full Score

Dover Publications, Inc., New York

1.

This Dover edition, first published in 1990, is a
republication of the edition originally published by G. Ricordi,
Milan, n.d. A new table of contents and a new list of
instruments have been added.

Manufactured in the United States of America
Dover Publications, Inc.
31 East 2nd Street
Mineola, N.Y. 11501

Library of Congress Cataloging-in-Publication Data

Verdi, Giuseppe, 1813–1901.
La traviata.

Opera in 3 acts.
Italian words.
Reprint. Originally published: Milan : G. Ricordi, 1914.
1. Operas—Scores.   I. Piave, Francesco Maria, 1810–1876.
II. Dumas, Alexandre, 1824–1895. Dame aux camélias (Play)
III. Title.
M1500.V48T5   1990   89-755862
ISBN 0-486-26321-5

Contents

ACT III

Violetta's Bedroom

La Traviata

Opera in three acts
Libretto by Francesco Maria Piave
based on the play *La Dame aux Camélias* by Alexandre Dumas fils
Music by Giuseppe Verdi
First performance: Teatro La Fenice, Venice, 6 March 1853

Characters

Violetta Valéry, a courtesan	Soprano
Alfredo Germont, a young man	Tenor
Giorgio Germont, Alfredo's father	Baritone
Flora Bervoix, a courtesan	Mezzo-soprano
Annina, Violetta's servant	Soprano
Giuseppe, Violetta's servant	Tenor
Gastone, Vicomte de Letorières	Tenor
Baron Douphol [Barone]	Baritone
Marquis d'Obigny [Marchese]	Bass
Doctor Grenvil [Dottore]	Bass
Servant to Flora [Un Servo]	Bass
Messenger [Un Commissionario]	Bass
Gypsies [Zingare, Zingarelle]	Sopranos
Matadors and Picadors [Mattadori e Piccadori Spagnuoli]	Tenors, Basses
Chorus of Ladies and Gentlemen [Coro]	Sopranos, Tenors, Basses
Chorus of Carnival Revelers [Coro interno]	Sopranos, Tenors, Basses

Setting: Paris and its environs, ca. 1700.

Instrumentation

Flute [Flauto, Fl.]
   (= Picc. II)
Piccolo [Ottavino, Ott.]
   (= Fl. II)
2 Oboes [Oboi, Ob.]
4 Clarinets (C, B♭) [Clarinetti in Do, Si♭; Clar.]
2 Bassoons [Fagotti, Fag.]
4 Horns (C, D, E♭, E, F, G, A♭, A, B♭)
   [Corni in Do, Re, Mi♭, Mi, Fa, Sol, La♭, La, Si♭]
2 Trumpets (C, E♭, E) [Trombe in Do, Mi♭, Mi; Tr^be]
3 Trombones [Tromboni, Tr^bni]
Cimbasso [Cimb.]
Timpani [Timp.]
Bass Drum [Gran Cassa, Gr. C.]
Triangle [Triangolo, Trgl.]
Castanets [Nacchere, Nacch.]
Violins I, II [Violini, Viol.]
Violas [Viole, V-le]
Cellos [Violoncelli, Vc.]
Basses [Contrabassi, Cb.]

Tambourines onstage [Tamburelli, Tamb.]
Picas (bullfighters' goads) onstage [Picche, Pic.]
Band offstage [Banda interna]
Harp onstage, offstage [Arpa sul palco, interna]

LA TRAVIATA
di
G. Verdi.

Nº 1. Preludio

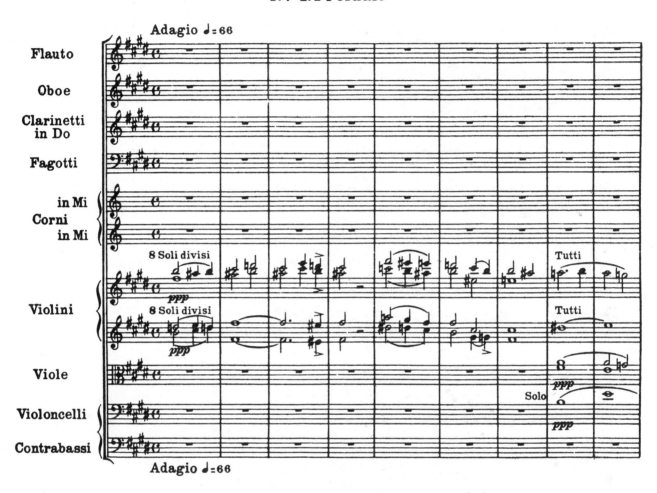

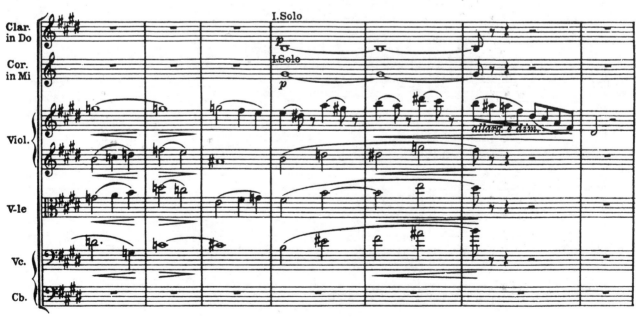

ATTO PRIMO

SCENA Iᵃ Salotto in casa di Violetta.

Nel fondo è la porta che mette ad altra sala; ve ne sono altre due laterali; a sinistra un caminetto con sopra uno specchio. Nel mezzo è una tavola riccamente imbandita.

Nº 2. Introduzione

Allegro brillantissimo e molto vivace

Allegro brillantissimo e molto vivace

8

(Violetta seduta sur un divano sta discorrendo col Dottore e con alcuni

amici, mentre altri vanno ad incontrare quelli che sopraggiungono, tra' quali il Barone e Flora al braccio del Marchese.)

12

Da qui sino al segno 𝄋 non suoneranno che due soli 1!, due 2! Violini, due Viole ed un solo Violoncello e Contrabasso.

ancora un solo Violoncello ed un Solo Contrabasso

19

(siedono in modo che Violetta

resti tra **Alfredo** e **Gastone**; di fronte vi sarà **Flora**, tra il **Marchese** ed il **Barone**;
gli altri siedono a piacere)

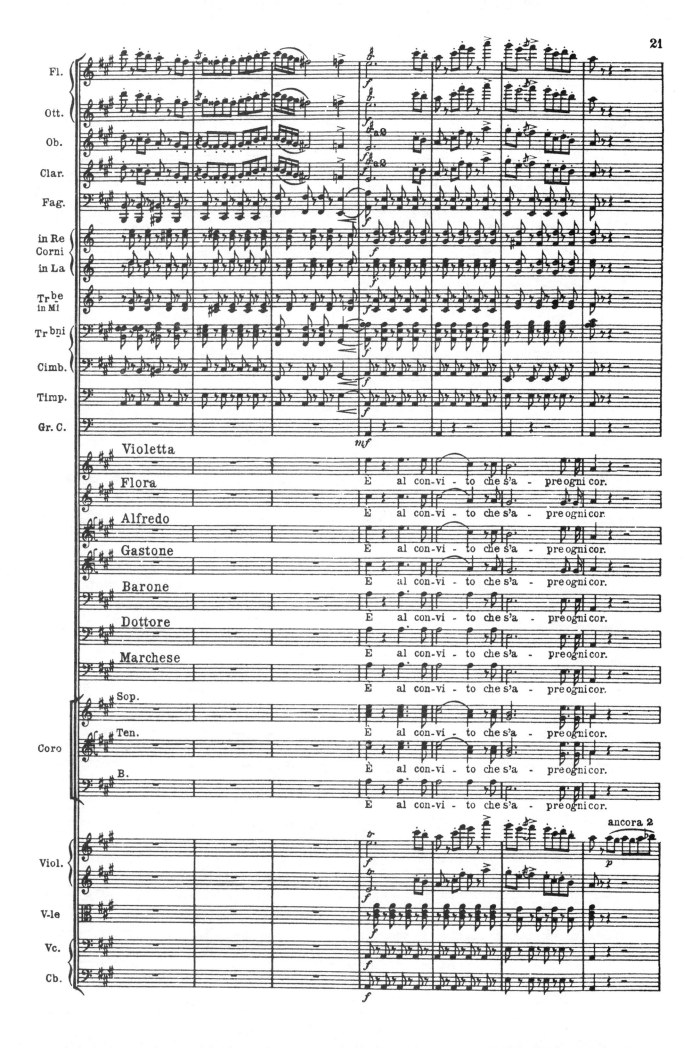

30

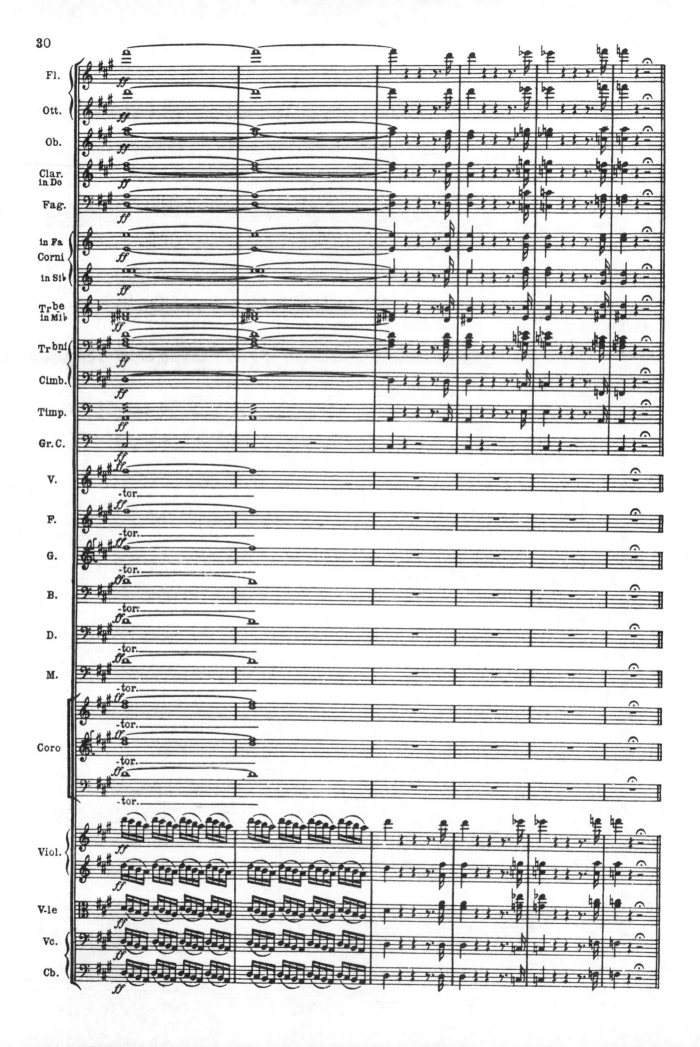

Brindisi

Seguito del N⁰ 2

-re, nè più si può go - der _____ Go - diam, _____ c'in-

-vi - ta, c'in - vi - ta un fer - vi - do ac - cen - to _____ lu - sin -

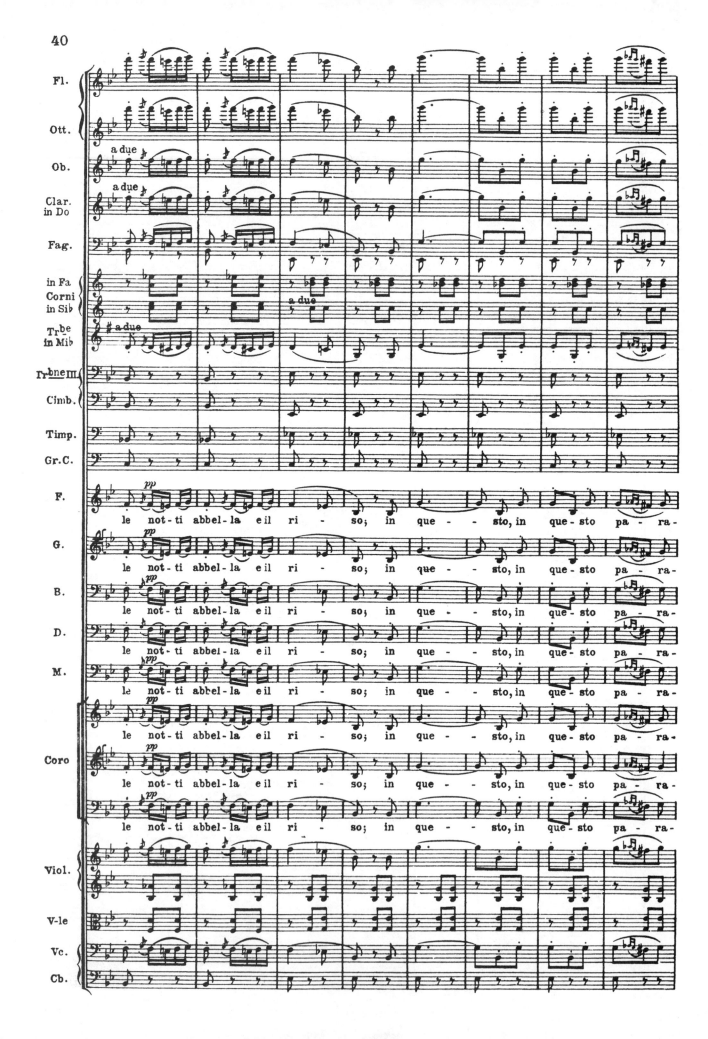

47

Valzer-Duetto nell'Introduzione Atto I.

Seguito del Nº 2.

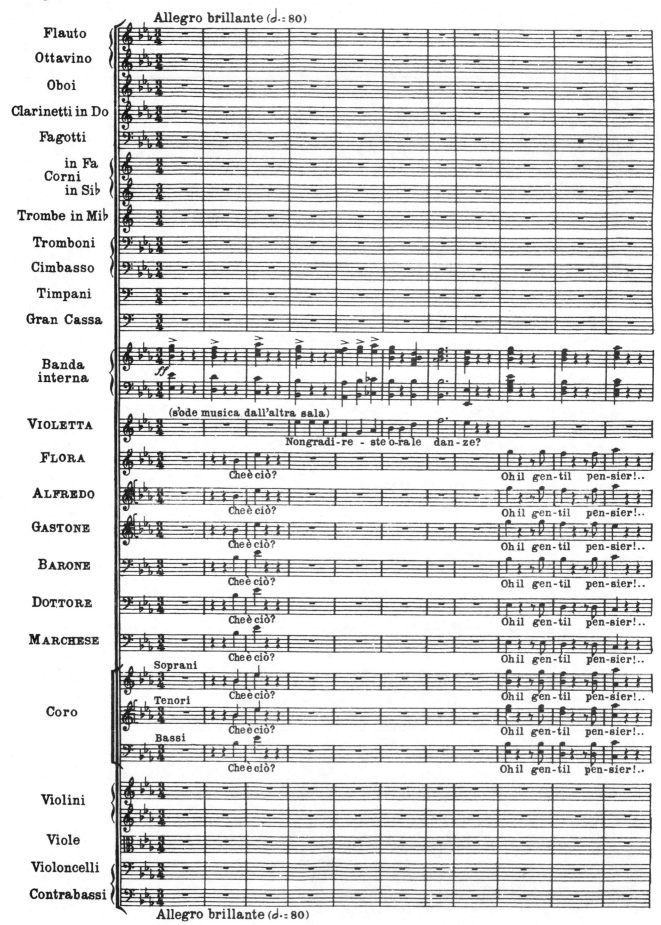

SCENA III. (Violetta si alza e va a guardarsi allo specchio)

Stretta dell' Introduzione Atto I.

Seguito del Nº 2.

Nº 3. Scena ed Aria Violetta–Finale Atto I.

re de'suoi co-lo-ri oc - cui-ti, de'suoi co-lo-ri oc-cul-ti!... Lui, che mo-desto e vi-gi-le

al-le-gre soglie a-sce - se, e nuo-va febbre ac - ce - se de-stan-do-mi all' a - mor!...

mi - ste-rï-o-so, al -te - ro, cro - ce, cro-ce e de - li - zia, cro-ce e de - li - zia, de - li-zia al

A me, fan - ciul - la, un

Allegro brillante

Allegro brillante

g'i - o fol - leg - gia - re di gio - ia in gio - ia, vo' che scor - ra il vi - ver mi - o pei sen-

- tie - ri del __ pia - cer. Na - sca il gior - no, o il gior - no muo - ia, sem - pre lie - ta ne' __ ri-

-sier, dee__ vo-lar, dee__ vo-lar, dee__ vo-la-re il mio pensier, dee__ vo-lar, dee__ vo-

con effetto questo ripiglio

-vi, _____ a di _ let - ti sem - pre nuo - vi dee vo - la - re il mio pen-

-sier, dee ___ vo-lar, dee ___ vo-lar, dee ___ vo- la - re ilmiopen-sier, dee ___ vo-lar, dee ___ vo-

Fl.
Ott.
Ob. I.
Clar. I. in Si♭
Fag.
in Mi♭
Corni
in La♭
Arpa
V.
dee__vo - - lar, ah! _ ah! ___ ah! _ ah! ___ dee___ vo -
A.
- ver - so...
Viol.
Vle
Vc.
Cb.

-lar il —— mio pen - sier, il —— mio pen - sier, _____ il —— mio — pen-

Fine dell' Atto primo.

ATTO SECONDO

SCENA PRIMA
Casa di campagna presso Parigi.

Salotto terreno. Nel fondo, in faccia agli spettatori, è un camino, sopra il quale uno specchio ed un orologio, fra due porte chiuse da cristalli che mettono ad un giardino. Al primo panno due altre porte, una di fronte all'altra. Sedie, tavolini, qualche libro, l'occorrente per iscrivere.

N.º 4. Scena ed Aria Alfredo

-nò!.. Per po - co in se - no ac-que - ta-ti, o gri - do, o grido dell'o-

-sor! oh in-fa - - mia! ah sì que-st'on-ta, sì que-st'on-ta la-ve - rò, que-

-st'on - ta, quest'on-ta la-ve-rò.

-st'on - ta, que-st'on-ta la-ve-rò,   ah   l'on - ta,   l'on-ta la-ve-rò, sì, la-ve-rò,   ah   l'on - ta,

l'on-ta la-ve-rò, sì, la - ve-rò, la-ve-rò, la-ve-rò, la - - - ve-rò.

N.º 5. Scena e Duetto

134

Clar. in Do · Fag. · G.

-de - va. Deh non muta-te in tri - boli le ro-se del-l'a - mor, ah non muta-te in

Viol. · V-le · Vc. · Cb.

Ob. · Clar. in Do · Fag. · G.

tri - boli le ro-se del-l'a - mor, a' prie-ghi miei re-siste-re, no, no, non voglia il vostro cor, no,

stent. · pp · stent. · f

Viol. · V-le · Vc. · Cb.

col canto

col canto

I.

150

Fl.
Ob. I.
Clar. I. in Do
Fag.
in Mi♭ Corni in La♭
Violetta
È vero! è ver!
G.
so - gno se - dut - to - re... sia - te di mia fa - mi - glia
ppp
p
Viol.
V-le
Vc.
Cb.
Clar. in Do
Fag.
in Mi♭ Corni in La♭
dolciss.
cresc.
G.
l'an - gel con - sola - to-re... Violetta, deh pen - sateci, ne siete in tempo ancor... È Dio che ispira, o
Viol.
V-le
Vc.
Cb.

Ob. / Clar. in Do / Fag. / V. — u - ni-co raggio di be - - ne... che a lei il sa-cri-fi-ca e che mor-rà, e mor-rà, e mor-

Viol. / V-le / Vc. / Cb.

Fl. / Ob.I. / Clar. in Do / Fag. / Corni in Mi♭ / V. / G. — - rà. Piangi, piangi, pian - gi, o mise - ra, piangi, piangi, pian - gi. Su-premo, il veg - go, supremo, il

Viol. / V-le / Vc. / Cb.

№ 6. Scena-Violetta

184

192

Scena ed Aria Germont

Seguito del Nº 6.

Vieni, i tuoi ca-ri in giu-bi-lo con me ri-ve-di an - co-ra; a chi pe-nò fi-

-no - ra tal gio-ia non ne - gar. Un padre ed u - na suo - ra t'af-fret-ta a con-so-

-la - re, un padre ed u - na suo - ra t'af-fret-ta a con-so - lar. No, non u-drai rim-

-pro-ve - ri; co-priam d'oblio il pas - sa-to: l'a-mor sa tut - to, sa tut-to per-do-

213

ser-pi   di - vo - ranmi il pet - to...

M'a-scol - ti tu?

-lar. No, non udrai rim-pro-ve-ri; copriam d'oblio il pas - sa-to: l'a-mor sa tut - to, sa tut-to per-do-

-nar.   Un padre ed u - na   suo - ra t'af-fret-ta a con-so - la - - re, t'af- fret-ta,   t'af-

Poco più vivo

-lar, un padre ed u - na suo - - ra sì,t'af-fret-ta, ah sì,t'af-fret-ta, ah sì,t'af-

Poco più vivo

-fret-ta a con-so - lar, un padre ed u - na suo - ra sì, t'af - fret-ta, ah sì, t'af-

Alfredo

(scuotendosi, getta a caso gli occhi sulla tavola, e vede la lettera di Flora, la scorre ed esclama.)

Ah!... ell'è alla fe-sta!... vo-li-si l'of-

fret-ta, ah sì,t'af-fret-ta aconso-lar.

col canto

col canto

(fugge precipitosamente inseguito dal padre)

- fes a a vendi - car!

Che di - ci?... ah! fer - ma!

Nº 7. Finale II.

SCENA IX.

Galleria nel palazzo di Flora, riccamente addobbata e illuminata. Una porta nel fondo e due laterali. A destra, più avanti, un tavoliere con quanto occorre pel giuoco; a sinistra, ricco tavolino con fiori e rinfreschi, varie sedie e un divano.

(Flora, il Marchese, il Dottore, ed altri invitati entrano dalla sinistra discorrendo fra loro)

lie - ta di ma-sche-re la not-te; n'è du-ce il vi-scon - ti-no...   Vi-o-

Coro di Zingarelle-Finale II.

Seguito del Nº 7.

-ta-no; d'o-gnu-no sul-la ma — no leg-gia-mo l'av-ve — nir. Se

con - sul-tiam le stel - le, con - sul - tiam le stel - le   nul - l'av - via noi d'o-scu - ro, no, nul-

- l'av via noi d'oscu - ro, e i ca - si del fu - tu - ro pos-sia-mo al-trui pre -

-dir. Se con-sul-tiam le stel - le null' av - vi a noi d'o - scur, e i ca - si del fu-

-tu - ro possia - mo altrui pre - dir, e i ca - si del fu - tu - ro, e i ca - si del fu-

-tur, e i ca-si del fu- tu - ro possia-mo al - trui, possiamo altrui pre - dir, e i ca-si del fu-

-tu-ro,e i ca-si del fu-tur, e i ca-si del fu-tu - ro possia-mo al-trui,possiamo altrui pre -

Coro di Mattadori Spagnuoli

Seguito del Nº 7.

256

Seguito del Finale II.

288

296

SCENA XIII. (Violetta ritorna affannata, indi Alfredo.)

Allegro agitato assai vivo

Allegro agitato assai vivo

Largo del Finale II?

Seguito del N? 7.

Largo

Flauto
Ottavino
Oboe
Clarinetti in Si♭
Fagotti
Corni in Mi♭ Si♭
Trombe in Mi♭
Tromboni
Cimbasso
Timpani
Gr. Cassa
VIOLETTA
FLORA
ALFREDO
GASTONE
GERMONT
BARONE
DOTTORE
MARCHESE
Coro
Violini
Viole
Violoncelli
Contrabassi

(con dignitoso fuoco)
Di sprezzo degno   sè stesso rende   chi pur nel-l'i - ra   la donna of-

Soprani
Tenori
Bassi

pizz.

assai piano i Contrabassi

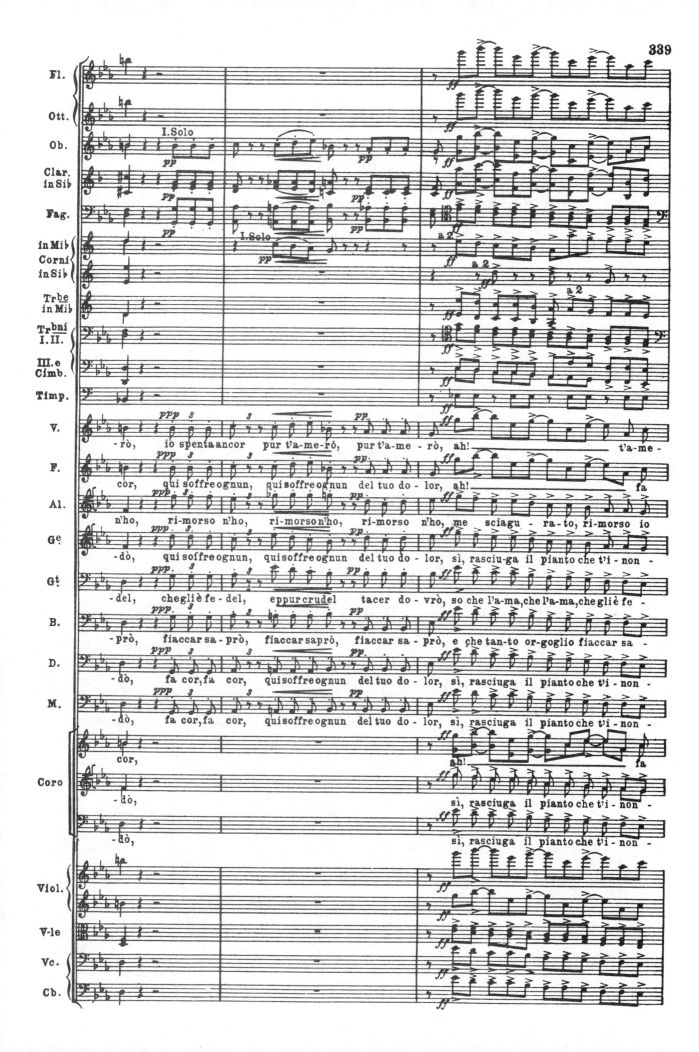

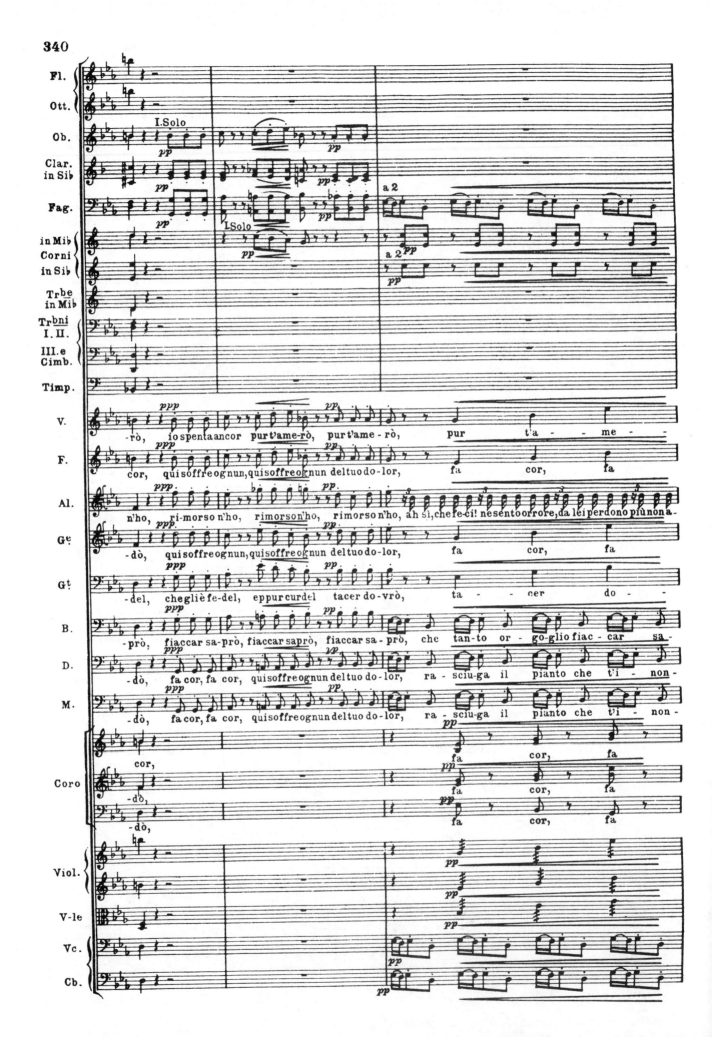

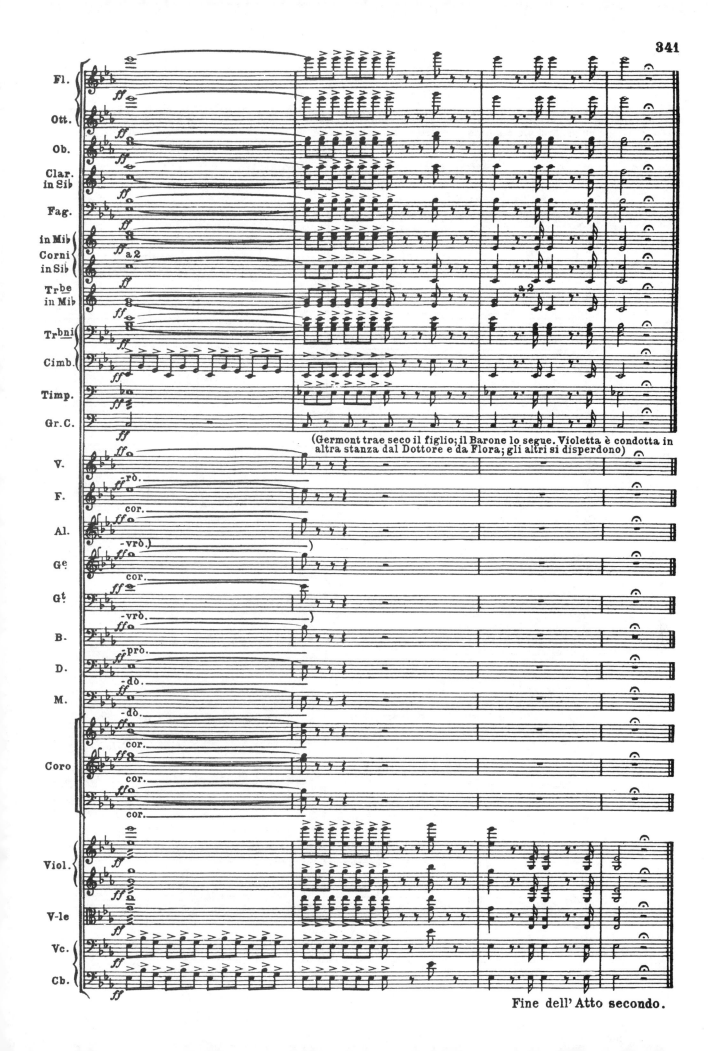

(Germont trae seco il figlio; il Barone lo segue. Violetta è condotta in altra stanza dal Dottore e da Flora; gli altri si disperdono)

Fine dell' Atto secondo.

ATTO TERZO

Camera da letto di Violetta.

SCENA PRIMA. Nel fondo è un letto con cortine mezzo tirate; una finestra chiusa da imposte interne; presso il letto uno sgabello su cui una bottiglia d'acqua, una tazza di cristallo, diverse medicine. A metà della scena una *toilette,* vicino un canapè; più distante un altro mobile su cui arde un lume da notte; varie sedie ed altri mobili. La porta è a sinistra; di fronte v'è un caminetto con fuoco acceso.

Nº 8. Scena ed Aria _ Violetta

SCENA II.

SCENA III.
Violetta

Giorno di fe-sta è questo?

Or fa-te cor...

Tut-ta Parigi im-pazza... è car-ne-va-le.

Baccanale

Nº 9.

862

Scena e Duetto.
Violetta ed Alfredo

(con disperazione)

(getta con disprezzo la veste e ricade sulla sedia)

Gran Di - - o!.. non pos - so!

Alfredo

(Cielo! che

(Violetta si abbandona sul canape)

V. ser - ba - - to al nostro amor!

Al. Vio - let - - ta, deh! cal - ma - ti!

№ 11. Finale ultimo

gior - ni,   a ram - - men-tar ti tor - ni co - lei   che sì t'a-

Le por-gi quest'ef - fi - gie; dil - le che dono el - l'è_____ di

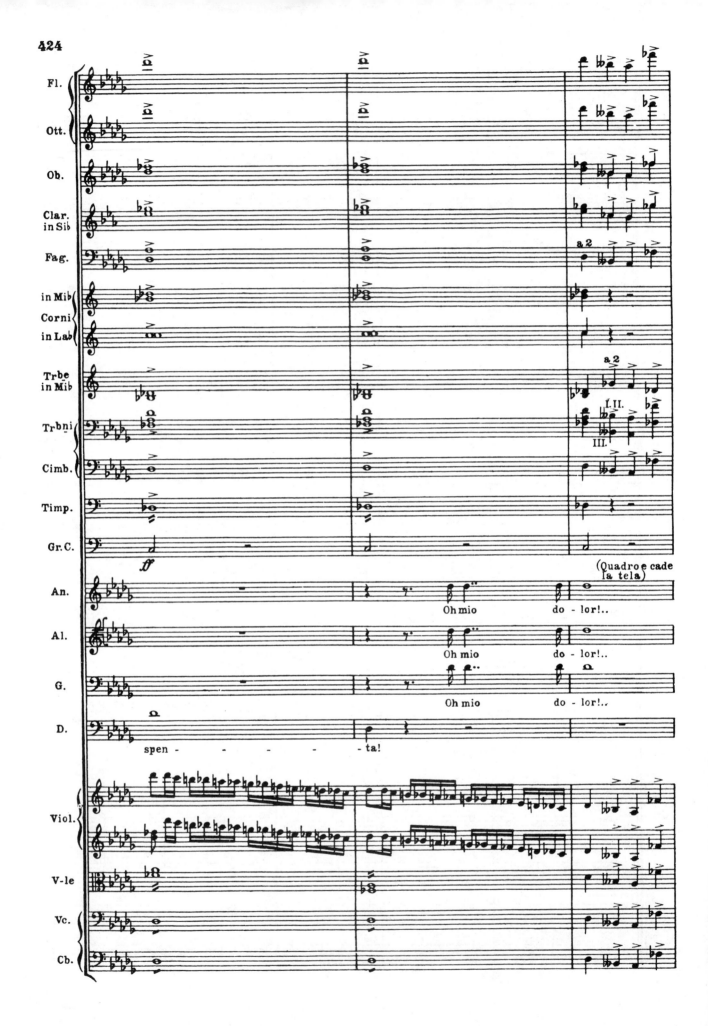